CAFÉ AMERICANO

Zulema Ruano

Para la persona que todas las mañanas, de septiembre a diciembre de 2019, me preguntaba a manera de clave:

"¿Quieres un café americano?"

Con todo mi amor, respeto y agradecimiento; este libro está dedicado a

Julieta Lazcano Picazo

Supongo que aquellos que deciden compartir la vida con poetas tienen que saber que, de antemano, siempre habrá alguien del pasado a quien en otro tiempo le dedicamos nuestras letras, y quizá, algo más que eso....

...que de todo eso queda un testimonio firmado;

a mí me gusta llamarlo legado.

Zulema Ruano

SIMULACRO

Sonaron las alertas, tuve que activar el protocolo.

Salí en orden; sin correr, sin gritar, sin empujar.

Seguí las flechas marcadas en los pasillos y evité usar
los ascensores.

Llegué al punto de seguridad, y de repente;

el desastre más mortífero y letal de mi historia.

Esta vez no era un simulacro.

Esta vez...

Habías llegado.

CAFÉ AMERICANO

Oye... ¿y si nos quitamos de encima nuestros trajes, nos olvidamos de todo aquello de lo que nos hemos disfrazado y nos tomamos un café americano?

Vamos, yo pago, se ve que tú también lo tomas cargado, sin azúcar; se ve que de vez en cuando también te gusta acompañarlo con un cigarro, así que ¿por qué no vamos? Dejamos descansar un poquito nuestro ceño fruncido y soltamos un ratito las sonrisas; tú me cuentas que te gusta y yo escucho sin prisa.

Anda y caminamos por los jardines despacio, me dices porque el rojo es tu color favorito y yo te confieso porque después de verte a los ojos; el azul se convirtió en el mío.

Yo invito, porque en el fondo no sé cómo explicarte por qué me llamas tanto, por qué me provocas tantas ganas de aprenderme de memoria los decibeles de tu risa o por qué estoy tan segura de que tu voz fácilmente se convertiría en mi canción preferida

Y aunque sé que corro muchos riesgos, no esperaba nada menos, hace mucho pero mucho tiempo alguien no me quitaba el sueño, así que para estar iguales... vamos por un café americano.

Si quieres lo pedimos para llevar, si quieres nos sentamos por horas en el mismo lugar, y con suerte, con muchísima suerte; que sea el primero de varios. `

`

II

No sé si me faltan 2 minutos, 2 semanas, 2 años o 2 vidas.

Pero siento que hay una cuenta regresiva para conocernos;

o reconocernos...

DESTINO

No sabía quién eras y pensé que te conocía.

No vi ni siquiera tus ojos y sentí como tu mirada me pertenecía.

Y después... te tuve tan cerca, miré tu rostro y sin tocarte me apoderé de tus manos, de tu noble sonrisa que, sin querer, no me regalaste.

Y acaricié tu cabello, a mil kilómetros de distancia, y en tu pecho he venido durmiendo desde hace sumados meses, multiplicando el encuentro, temiendo nunca volver a hacerlo.

...pero caigo, me veo sonando de nuevo el rubio de tu pelo, el brillo de tus ojos, lo fino de tu cuerpo.

Me he visto un par de noches fastidiando lo blando de la almohada, repitiendo en ocasiones las 11 letras de tu nombre, las charlas que me brindó tu mirada.

Y fuese destino, casualidad o simplemente un encuentro furtivo, el que aquella noche me hizo perder la calma... le agradezco al cielo, al suelo y al camino decidir no haberme ido esa mañana.

INCENDIO

Recuerdo una noche que, desde entonces para mí; fue la noche.

Alumbraste la calle por la cual inicié y volví el camino.

Sé que no miré tu rostro, pero estaba segura de la intención de tu mirada.

Lo sé, lo sintió mi cuerpo porque así mismo yo contemplé el tuyo.

No sé en qué momento empezó lo nuestro.

Yo solo sé que cuando tuvimos el momento preciso fuimos valientes para no dejar el encuentro;

para hacer de ese momento,

el pretexto de este otro.

NICOTINA

Dopada de nuestros encuentros me he bebido la última copa de vino. En ella traté de ahogar desesperadamente los deseos que tengo por conocerte. No lo logré.

En cada cigarrillo aspiro tu nombre. Trato de evitarte en mi mente y no lo consigo.

Eres una droga fuerte y permanente, casi inevitable, casi venenosa, casi mortal.

Me produce ansiedad tu ausencia, sé que pasarás; que te irás desvaneciendo como lo hace este humo que se va con el viento, pero mi voz se ensordece, pierde potencia con cada vez que te grito en silencio y tú, escuchas, pero no te detienes.

Necesito verte, saber que estás ahí, que no te has ido y que no pretendes marcharte.

El ego, el maldito ego.

Me tatué tu nombre inexistente, innombrable, anónimo y codifiqué tu esencia.

Te mantengo en secreto, pero quiero develarte, mostrarle al mundo de lo que eres capaz, enaltecer tu mirada y que el resto vea tu grandeza. (No sé cómo explicar tu grandeza).

Que fácil y rápido te hiciste un vicio.

De aquellos que, aunque destructivos, no pueden dejarse.

Y pongo y repito esa canción donde sé que perdí el juego.

Los decibeles de sonido suben y estremecen mi cuerpo ¿por qué no estás aquí?

No quiero dejarte.

No puedo.

Necesito esta sensación adentro.

Pretendo ahogarte en el alcohol, quemarte en este cigarro, pasar de ti.

Necesito y no quiero.

No puedo.

No lo haré.

Me aferro... a eso, a lo quieras ponerme en frente; y lo consumo.

Lo bebo, lo añoro, lo venero.

Regreso y sé que todo está mal y, aun así, sabiéndome equivocada, te pongo la etiqueta de acierto.

Tal vez así pese menos la culpa, tal vez así logre convencerme de tu insanidad.

Y aun así aquí me tienes, a las 3 de la mañana bañándome de ti, aunque no te encuentre.

Pensando en que te necesito.

Dopada, así me tienes.

Entre más débil me encuentro te haces más fuerte.

Te alimentas de mí como un monstruo insaciable, me exterminas y yo lo acepto.

Nicotina, eso eres.

SEPIA

Otra vez éramos nosotros, siendo nosotros.

Yo dándome cuenta del inevitable encuentro y aun así fingiendo que no me atormentas.

Que risa me doy en este momento porque ya no es un secreto, mucho menos para ti, que eres mi faro y al mismo tiempo mi encandilamiento.

Es normal, ¿no?; que la luz que te guía sea la que de vez en cuando te deja a ciegas, y después de eso... viendo en color sepia.

Y tú... pasando de largo, contrayendo las enormes ganas de sentarte en el asiento vacío que está a mi lado, y que quizá, bajo tu nombre estaba reservado.

Pero somos lo que somos y hemos envejecido dándole ese lugar al orgullo y a la soberbia.

Ese erótico juego de poder entre ambos, el cual en su momento ganamos por separado, pero que juntos nunca conquistamos.

Y después... el destino.

Llegaste a donde se supone que tenías que llegar y se sabía.

Y en lugar de detenerte;

tú seguiste avanzando.

Y en lugar de detenerte;

te deje avanzar.

(Como si eso no hubiera podido cambiar)

Te seguí con el rabillo del ojo.

Tú, caminaste de frente, volteando tu rostro hacia mí sin detenerte.

Yo, permanecí inmóvil, esforzándome en ignorar algo que claramente tenía un nombre.

Hasta que me cansé, también te miré; y juntos, por fin y por primera vez juntos estábamos haciendo algo bien; <u>nos estábamos despidiendo</u>. Con lo único que nos caracterizó desde el comienzo, sin nada más que las miradas de por medio, sin un adiós; solo con el avance natural de la inactividad del tiempo.

Y así, en medio de un color viejo y desgastado, muy contrario al color con el que al principio nos habíamos pintado;

te tocó decir:

"hasta aquí llegué";

me tocó decir:

"hasta aquí te sigo".

NO TENÍAS QUE SER TAN GRAVE

Creí que de ti se podía escapar, que no eras tan grave. Después de todo ¿qué podría pasar?

Supuse que me costarías más tiempo, desde luego, pero que, con un poquito de paciencia, atardeceres y otra sonrisa, terminarías por irte.

Curioso, ¿no?

Tenía el muro enfrente y decidí acelerar.

Al final quizá tú fuiste la materialización de un acto suicida; la premonición de algún tipo de maldición.

Admito que esa ferocidad de saberte inalcanzable, al principio fue excitante y divertida; luego, paso a ser un enemigo que nunca se rindió.

Mantenerme en pie me fue totalmente imposible, y aunque del suelo no pasé, sentí que llegué al lugar donde los demonios te sonríen.

Es posible, casi un hecho, que ese fuego quemara tantas partes en mí que nunca voy a ver volver.

Y aquí estamos, yo, un café, un agosto y un cigarro; escribiendo mientras tu aura me susurra lo que no debo olvidar, ya sabes; los recuerdos... el maldito infierno.

Te volví a ver, dos años después.

No te veías ni menos guapo, ni menos fuerte, ni menos tú. Seguías siendo implacable, poderoso y devastador.

No tenías que ser tan grave...

...pero terminaste siendo mi mayor perdición.

BLAUE AUGEN

...Y yo que jamás tuve tendencias suicidas,

verte a los ojos era morir de a poco;

Voluntariamente.

Feliz,

DECLARACIÓN DE GUERRA

De una guerra como tú no se regresa.

De una guerra como tú, no se sobrevive.

Ni intacta, ni en una sola pieza.

Eres de los rivales que instan a dar un paso atrás sin llamarlo derrota.

De aquellos que nada mas de verlos se debe tener la prudencia de reconocer que no hay posibilidades de triunfar.

Pero la vida no ve bien la cobardía y la formación ya estaba establecida.

Iba *a por todo...* y resultó que me quede en el campo de batalla con incrustaciones en el pecho de granadas fragmentadas.

Fuiste una bestia hostil.

Inconcebible.

Imposible.

Irreal.

`

Fuiste una verdadera máquina de guerra.

Y aun cuando la declaración fue insolente y retadora, hoy, con las últimas fuerzas que me quedan, reconozco que soy un testimonio más, de por qué de alguien como tú; <u>no se regresa</u>, con ningún tipo de victoria.

NOMBRE Y APELLIDO

Aquel que asegura que nada es imposible, indudablemente;

no te conoció.

DESASTRE NATURAL

Si fuiste mi diluvio, el sol ya evaporó hasta el último rastro de humedad.

Comprobé que es difícil acostumbrarse a la primavera cuando todo se quedó en la temporada invernal.

Me es tan familiar la teoría del caos, que aquello que parece más en orden se me hace tan ajeno.

Todo lo que no lleva tu elegante severidad parece que solo es una brisa serena, en calma; cómo aquello que no provoca nada.

Incluso sacudo con violencia todo lo que parece tener cierto potencial y no reacciona; no reacciona porque no eres tú.

No es tu intensidad.

Y si... hay huracanes que suceden una sola vez.

Ya pasaste, ya te fuiste.

Y ahora que todo brilla y es mejor,

que cada nube negra se alejó...

soy más feliz, pero no estoy menos triste.

Quizá es porque hay catástrofes que ofrecen un tipo de destrucción que te obliga a construirte.

Después de todo los milagros también son una explosión...también pueden ocasionar algún tipo de daño con su efusividad...

Al final, los milagros como tú,

también se asemejan a un desastre natural.

UN DÍA

Un día sin más, te dejé partir.

Un día sin más, ninguno de los dos volvió.

IMPROVISAR

Aquí estás, escondido entre mis letras, sin dejar rastro, pero siempre huella.

Nadie contemporáneo sabe quién eres, mejor dicho, ni siquiera saben que exististe.

No tienen por qué.

Pero hay un puñado de gente esparcida allá afuera.

Hablo de ti, de mí, de nuestros testigos... de este libro.

Existimos quienes vimos toda esta historia de frente, estamos a los que no nos caben las dudas y nunca nos preguntamos si fue real, porque lo fue.

Somos en tiempo pasado, pero somos.

Seguimos siendo, de lejos, con todas las certezas apuntando a lo incierto, a todo lo que pudimos ser.

Sin pretender, pero improvisando porque no nos queda nada más, no teníamos un plan, solo pasamos.

Hoy todo es diferente, no existimos en tiempo presente, no estoy, no estás. No hace falta buscarnos en donde no estamos, y muchísimo menos, en donde ya no iremos. Solo es una segunda parte que nos agarró casi tan desprevenidos como la primera... pero esto también pasará, te lo prometo.

No atravesamos el umbral, no tocamos lo que no se debe tocar, cómo aquello sagrado que yace en un aparador y solo se ve de lejos, de muy muy lejos.

Supongo que así se forman las leyendas, los mitos y los ojalá, de historias como la de nosotros que nunca tuvieron un final y que, con la prisa de las manecillas del reloj, nos tocó improvisar.

A DISCRECIÓN

Hay cosas que, aunque no sean un secreto,

se cuentan en silencio.

A la media noche para que nadie vea si se mojan un poco las palabras,

ni se confundan en un suspiro ahogado acompañado de alguna lagrima.

Porque hay sin admitirlo,

un montón de seres como tú,

inmersos en pechos de personas como yo,

que padecen de un pasado inacabado en sus mejillas

y cargan, consigo a cuestas,

el deseo de otra conclusión.

CENIZAS

Las cenizas de este algo se quedaron arriba de un color extraordinario.

Como eso que ardió y que la fuerza del calor combinada con el viento hicieron terminarlo.

Y aun así está el recuerdo.

Encontré la manera de soltarlo sin olvidarlo.

Estas líneas son prueba de ello.

Y aunque hay testigos allá afuera, parece nada bastar cuando hago una declaración abierta de porque hoy solo eres ese alguien que pasó de largo, que se dio la vuelta.

Como si no hubiera existido un tiempo distinto en donde fuimos fuego, ego, algo...

En donde nos retamos y parecíamos ser dos adversarios implacables, invencibles, respetables, ambiciosos... vulnerables.

Sé que algunos estarán de acuerdo en que si nos ven al día de hoy nos llamarían cobardes. Todos hicieron sus apuestas, tomaron bandos y nosotros éramos los perros de pelea.

La verdad, yo hace tiempo había firmado una rendición que me costó un poco de sangre (dije un poco por no decir que me desangré en el proceso). Pero, en fin, eso nunca te importó y sinceramente a mí no me podía importar menos.

El precipicio y la posibilidad de caer a ninguno de los dos nos daba miedo;

nos excitaba, nos divertía...

nos volvía incendio.

Si en ese momento alguien nos hubiera advertido que las quemaduras de tercer grado no solo se llevan en el cuerpo; ninguno de los dos hubiera llevado fósforos consigo, te lo apuesto.

Pero bueno, supongo que esta es una de las tantas maneras en que las cosas importantes se terminan.

No me gustó el final y para ser honesta el principio tampoco, pero me gustabas tú y eso bastaba.

Sin embargo, es bien sabido que es placentero hasta que lo único que te quedan son las quemaduras en las manos y unas ganas infinitas, bajo el nombre de experiencia, de no volver a intentarlo.

Aquí se quedó obscuro, hace frío y el humo negro que humedece mis ojos me está obligando a ceder.

Fue pletórico, lo sé, pero cariño, lo intenté. Y aunque traté con ahínco de encender lo que se quedó entre las cenizas... no lo logré.

A veces solo hay que admitirlo... con el tiempo hasta el más imponente fuego deja de arder.

FE

Tengo fe en que yo también olvidaré tu nombre algún día.

Así sin más, solo porque sí... (porque son del tipo de cosas que simplemente suceden).

Que solo quedará el seudónimo encriptado de lo que fuiste y que no volveré a pensarte, ni saberte.

Hasta que un día, alguien con la misma suerte que la tuya; toque nuevamente la campana, esa que yace oxidada en la punta del más alto vuelo, donde impusiste tu récord.

No sé cuántos *"años después"* me lleve eso, pero por ahora solo me resta tener fe en esta hipótesis, que parece más un placebo al alma a una teoría que pueda ser comprobada. Porque ciertamente, ninguna de las dos cosas han pasado todavía...

Yo aun me acuerdo de tu nombre, y no he vuelto a escuchar esa campana anunciando una llegada.

DELITOS EN PARTICULAR

Fui yo.

Nadie me obligó.

Ni siquiera creo que seas culpable de que tus ojos parezcan una extensión del mismo cielo.

[Es solo que Dios te escogió]

Y sigo siendo yo.

Tan perseverante... u obstinada, según proceda.

Pero por más que intenté sobornar al destino, no se dejó.

Yo que estoy tan acostumbrada a hacer que todas las cosas sucedan

...esto no me sucedió.

Y solo me queda declarar que no eres responsable de mi fracaso.

Porque hay delitos en particular que no tienen víctimas;

sino voluntarios.

MODUS OPERANDI

Reconozco en seguida a los tipos como tú.

Me sé de memoria su forma de proceder.

Sé que piensan, lo que apuestan...

Todo lo que se pueden llegar a reservar por conveniencia.

¿Y sabes algo?

Cuando es no, es no.

Aunque la probabilidad de éxito rebase el 100%, ya no me la juego si el ego es más grande que las ganas...

...porque eso habrá de condenarme a respirar con el mínimo de oxígeno,

hasta sofocarme,

hasta que otra vez no quede nada.

Si algo aprendí con claridad estando contigo, es que, al menos por dignidad, no hay que permitir que te mate dos veces el mismo asesino...

Y menos que menos, con la misma mirada.

Así que francamente reconozco que nada me ha absuelto de seguirte encontrando, y aunque nunca es en los mismos sitios, siempre es bajo las mismas circunstancias.

Ahora yo también se cuándo retirarme: antes de que se dispare el arma.

Y a ellos, a todos los que son como tú, les niego rotundamente la oportunidad de siquiera acercarse, porque soy consciente de que ninguno tiene tu nombre y apellido, pero si el mismo modus operandi.

¿QUÉ?

¿Qué habrán visto los demás en mí?

De tantos ojos que me han visto deambular, qué... ¿qué vieron?

¿Vieron algunos un lugar para quedarse,

un hogar temporal,

vieron tierra infértil, árida, desértica?

Dijeron... "con ella sí, con ella no, a lo mejor" ¿?

¿Cómo me vieron?

¿Me prestaron atención?

¿Pasaron de largo?

Sé que con cada uno de esos ojos me miré distinta; algunas veces plena, otras veces encarcelada y opacada por la cotidianidad,

Quizá magia, quizás misterio...

Y francamente es la primera vez que me pregunto esto.

Debo admitir que nunca me había importado, pero contigo...

aquí, de frente,

con esos ojos,

con esa manera tan tuya de mirar

necesito saber.

no puedo no saber....

Tú ...

¿Tú que ves?

POLÍTICAMENTE INCORRECTO

Te soltaré con la misma fuerza con la que un día te sostuve.

Incluso si eso supone dejar un poquito de mi en el proceso.

Sé que suena políticamente incorrecto decir eso.

Pero a veces es así;

hay personas que no viven fuera, sino dentro de ti.

Las encuentras en tus mismas entrañas.

Son una extensión de tus propios miedos y palabras.

Y hay que aceptar que una parte de nosotros no va a sobrevivir

Si es verdad que queremos dejar de habitarlas.

QUID PRO QUO

Te dejo el cielo y las estrellas

Tú déjame los mares y la arena.

Te entrego el alba y el sol de invierno

Y a mí regálame el otoño y el sereno.

Vete con los pasos hacia el norte

Que yo de pronto solo vuelo.

Quédate con las ciudades y sus luces, con los viernes y domingos, y a mí déjame los lunes y los martes; en la obscuridad del bosque.

Te dejo el bullicio y el reconocimiento, que a ti siempre te ha gustado que te vean más los espejos.

Déjame en el anonimato, cómo quién solo ve de lejos.

Te dejo un poco de lo que somos y a mí quítame mucho de lo que éramos... A todos nuestros "hubiera", yo ya no lo quiero.

`

Te dejo sin mi mano extendida, pero con la opción abierta que tienes de siempre pedirla.

Me quedo con casi nada, renunciando incluso voluntariamente a tu mirada.

Me quedo en efecto con muy poco, porque soy yo la que va a irse.

Te quedas con casi todo, porque tú eres el de las raíces.

Era un tanto lógico.

Un trato supremamente justo:

Pagas por lo que recibes.

Aunque no te miento...

De manera honesta y transparente me pregunto

Si alguno de los dos no quedó debiendo...

en este quid pro quo.

TIEMPO FUERA

Hoy estoy en pausa, necesito tiempo.

Necesito respirar.

No soporto esta nueva normalidad a la que me tengo
que acostumbrar.

¿Quién cambió el libreto?

¿Quién movió las cosas de lugar?

Tengo que seguir sin voltear a verte.

Tengo que evitar, con extrema exactitud, llegar a
donde tú estás.

Tengo que ser puntual para llegar cuando tú te has ido,
e irme con anticipación antes de que decidas regresar.
(Pero, esto nunca debió pasar).

Nadie me advirtió que el amor también puede morir de
causas naturales.

No se siente bien.

Estoy inconforme, ¿pero con quién me puedo quejar?

¿Con el tiempo?

¿Con el destino?

¿Con Dios?

¿Contigo?

Hubiera sido lindo ver tus ojos convertirse en el resto de la historia, hubiera sido lindo combinar tu apellido con el mío, pero el libre albedrio hizo su trabajo y decidimos tener diferentes desenlaces.

Por hoy no me queda más que aceptar con humildad esta derrota. Ya no puedo permitirme perder mi tiempo como antes.

Solo dame un descanso, no vayas tan rápido.

Necesito respirar, dejar de respirarte.

Después de eso todo termina, y te prometo...

Nunca más vuelvo a molestarte.

ZUGZWANG

Llegué al punto sin retorno en donde dejé de romantizarme las heridas.

Aceptar que, aunque hubo magia de por medio al conocernos; rendirse a ella nunca fue una opción para nosotros.

¿Y es que cómo hacerlo? Dos embriagados con la victoria; jamás permitirían ganarse esa partida... para cargar el título de perdedores estaba el resto.

Es casi inverosímil darme cuenta de que escribir esto aun me provoca en el rostro una sonrisa casi inadvertida, como si ese mismo cinismo no hubiera provocado que te perdiera.

Es irreal como el dolor no quita la soberbia.

A veces, todavía intento contarme una historia diferente en mi cabeza, porque me consume el arrepentimiento de habernos atrevido a mover las piezas y no haberle hecho caso a la vida cuando nos gritaba desesperada que no lo hiciéramos... que habíamos llegado; <u>que estábamos en el lugar correcto</u>.

Y como, al asumir con orgullo que estábamos yendo hacia adelante... en realidad estábamos retrocediendo.

Nos burlamos de nosotros mismos sin saberlo, porque no nos importaba ganar, sino asegurarnos de que el otro perdiera. Y aunque no lo parezca, cualquiera que haya entrado en una batallada encarnizada contra su llama gemela, sabe que para nada son objetivos que se asemejan.

Fue el destino.

Se cansó de vernos pelear entre nosotros sin dar tregua a nuestros peores instintos. Y aunque nos advirtió con frecuencia que nos detuviéramos, fuimos lo suficientemente testarudos para hacer caso omiso.

Y así, un día cualquiera puso un jaque mate en el tablero y ninguno de los dos supo reaccionar humildemente a eso.

“Será en la siguiente partida” – dijimos; y nunca más se reinició el juego.

TODO

Contigo no era "todo o nada".

Contigo era TODO.

Porque "nada" nunca fue una opción.

Y hoy es la única que queda.

GANASTE

¿Recuerdas que un día jugando apostamos a adivinar quien se iría primero?

Entre risas los dos dijimos "yo" al mismo tiempo...

No pensé que diría esto, pero...

Ganaste

Era una broma, pero estoy de acuerdo.

Te concedo la victoria de haberle puesto fin a todo esto aun cuando yo creí que recién era el comienzo.

TE ESTUVE ESPERANDO

Un montón de gente pasó frente a mí mientras te estaba esperando.

Algunos se sentaron preguntando que hacía.

A otros más, mientras platicaban conmigo, se les enfrió su bebida. Confieso, aunque no sin un poco de culpa, que pasé buenos momentos con los que se tomaron el tiempo de preguntar por qué estaba ahí con una silla vacía.

A ratos, admito, las risas, las buenas conversaciones y los chistes malos provocaron que se me olvidara que llevaba demasiado tiempo inmóvil.

Pero ya quedó.

Se me agotó mi refill y la camarera ha venido a mi diciendo que el lugar tiene que cerrar.

Cómo le explico que necesito más tiempo;

que a lo mejor se te hizo tarde;

que quizá te perdiste en el trayecto;

que pudo ser que te hayas equivocado de lugar.

Pero ella tiene un punto; llevo demasiado tiempo aquí viendo a la gente pasar y tú hubieras llegado, si y sólo si, hubieras querido llegar.

CARTA A ALGUIEN

Me pregunto si algo de nosotros sigue en aquel parque todavía. Si alguna de nuestras sonrisas se quedó atrapada entre las ramas de algún árbol; si el tiempo se sigue deteniendo a las tres y cuarto.

Tal vez todo siga como antes. Tal vez nadie nunca notó a dos enamorados peleando una batalla caducada. Quizá al final nadie recuerda a dos jóvenes haciendo preguntas que jamás supieron responder.

...me pregunto a donde se fue todo aquello que hasta la fecha parece interminable.

¿A dónde se quedó la comida exprés, las tardes de piscina... a dónde se quedó el ocaso? Nuestros besos, los "TE AMO" ¿A dónde?

Aún guardo cada canción que me dedicaste y en algunas noches, cuando el insomnio me recuerda que exististe, las escucho y vienen a mí todas esas tardes en aquel lejano parque, y por 4:19 minutos todo vuelve y vuelvo a verte, como hace años; esperando o haciéndote esperar. Y es en ese breve instante cuando cierro los ojos y me detengo. Es ahí cuando lo hago, porque era justo en ese momento cuando solía abrazarte fuerte tan fuerte que con el paso del tiempo aquel gesto parecía tan normal.

Y que ironía; después de haber recorrido tanto y de haber llegado tan lejos, es increíble como uno vuelve a estar dispuesto a todo, con tal de tener un momento "normal" con esa persona especial.

ANTES DE QUE AMANEZCA

Te hago esta carta porque son las 3 de la madrugada y desperté con tantas cosas que decirte, que sé, que, si no lo hago ahora, en una hora más desistiré de mis palabras.

Desperté con un vacío en la panza, con los ojos rotos, con las piernas flacas.

Comencé a pensarte y quería llorar, pero no pude. Ahora lo estoy haciendo, medianamente, como punto intermedio, pero aun así no logro concretar un sentimiento.

Me ha venido una idea a la cabeza, se pasea y se pasea, entre mis ojos, entre mis cejas.

Se sienta y sobre mi frente, me cuenta de nuestro pasado, de nuestro presente y resume en 5 minutos nuestro futuro por lo que presiente.

Hasta la noche sabe que te extraño...

No me sorprende, me han contado que el día se sienta con ella cada 12 como a las 6 de cada 3 y mientras sus musas, el sol y la luna terminan de arreglarse él le cuenta a ella cuantas sonrisas me arrebataste y ella apostará con gallardía el número de lágrimas que he de llorarte.

Así de infames conmigo aquí. Por eso trato de escaparme, de esconderme... de ocultarme. Despertando a las 3 de la mañana para que el sol silente no intente ver lo que te escribo, y durmiendo a las 3 de la tarde para que la luna no se dé cuenta de los sueños contigo.

YA NO LO SERÁS

Tal vez fue más un acto de justicia que una ruptura al corazón.

...pero cómo puedo hacerte entender que me eras necesario,

que pudiste ser tú,

que al final de cuentas...

ya no lo serás.

ALTER EGO

Fuiste terco

Como la persona que cree que el sol no va a quemarle al medio día.

Como si por tan solo desearlo, la lluvia torrencial no lo mojaría; y creyendo que si te avientas de un onceavo piso caerías de pie y sin heridas...

Nunca me hubiera causado conflicto tu arrogancia, pero un día se encontró de frente con mi ego, y descubrimos, de la peor manera, que era posible ver nuestro reflejo lejos de un espejo.

De haber quitado de en medio nuestros miedos, hubiera sido espectacular; una historia merecedora de escribirse en un libro como este, pero sin toda esta rabia y todo este resentimiento.

De haberlo intentado seguramente hoy no tendría que explicar porque sigo buscando, con una desesperación exorbitante, imitaciones sin éxito de lo nuestro.

Yo lo quería todo, te quería, hasta hace muy poco, a ti.

Sin duda prefería la versión de lo que yo era cuando estabas aquí.

Y aunque trato con demasiado ahínco de sobrevivir con dignidad a todo esto, es humano si te confieso que hay días en que no puedo.

Nadie lo sabe y a nadie se lo voy a decir, pero es cierto querido alter;

te extraño y me extraño mucho sin ti.

AFERRADA

Seguía desprendiéndose de mí el alma, como si ella supiera exactamente la combinación secreta de la caja fuerte de tus labios, y ahí parados frente a frente fingiendo no importarme, mi cuerpo se derretía por poseerte.

NO VOLVÍ

No volví.

Nunca lo hice.

No he podido,

desde ese entonces,

desde tu entonces

volver a sentir, siquiera lo más mínimo;

no puedo.

Te fuiste y me fui contigo

A un lugar vacío, sin fondo, en donde ya nadie me llena,

ni emociona,

ni enamora.

No te busco en otras risas, al contrario;

trato de encontrarme,

y no me veo,

no me siento;

no soy la que era antes.

He estado cerca, te lo juro,

pero al final el marcador se queda en 0's.

Nadie sabe jugar tu juego,

nadie nunca es vencedor;

No encajan,

No dan,

No son.

Y no volví, no volví de nuestro otoño.

Lo intenté...

Lo juro,

Pero me quemé toda en esa hoguera,

la de tus ojos, la de tu personalidad;

en dónde sólo tú gobiernas.

Después de ti nunca volví...

Y nunca nada me trajo de vuelta.

Después de ti no regresé

Y cada que trato de verme sin ti, algo no me deja avanzar.

Es como si en el fondo supiera que la vida siguió, si...

...pero nunca de la misma manera.

FALSO POSITIVO

Mentiría si te digo que no hay otros nombres en medio de las letras de este libro.

Sería como querer ocultar, ineficientemente, que en todos estos años no hubo otras sonrisas sosteniéndome del llanto.

Pero tampoco olvides que tú fuiste la fuente primaria, que por más direcciones que visité, eventualmente siempre opté por dejar la puerta cerrada. Y por más que pareciera que lo había logrado; no hubo nadie allá afuera que pudiera borrarme de los labios; todas las veces que en mis sueños te llamaba.

Porque al final por más que se asemejaban a lo que viví contigo, te juro que nadie logró quitarme de la cabeza que tú eras mi capítulo favorito; y es verdad cuando digo:

Nadie puede escribir sobre lo que ya está escrito.

En resumidas cuentas; si bien me pareció más de una vez avistar a lo que podía ser mi alma gemela; y por más que yo quisiera haberlo creído, he de confesar (por

mucho que me cueste admitirlo) que cualquier persona
que no seas tú...

para mí siempre será un falso positivo.

DOMINGO

Es Domingo. Le doy la bienvenida al sol abriendo las cortinas blancas de nuestra habitación. Regreso a la cama, tú aún estas dormido. Te beso en la frente y un aroma dulce y conocido golpetea mi nariz. Es tu aroma.

Me sonríes, aunque aún no puedes despegar tus hermosos ojos me regalas un *"buenos días"* y es esa mi parte favorita de la vida.

Me recuesto a tu lado y me preguntas como hemos despertado. Acaricio mi abdomen, conforme bajo mi mano se eleva y vuelve a descender. Te respondo que muy bien. Estoy mintiendo. Lo que en realidad quiero decir es que estoy de maravilla, que nunca he estado mejor, que es en ese lugar, en nuestra cama, donde la vida me ha enseñado el significado de la frase *"soy feliz"*. Pero no lo digo, porque los seres humanos sintetizamos los sentimientos, subestimamos los buenos momentos.

Me has besado la frente y con eso sé que ha llegado la hora de levantarse, de hacer la cama, de meterse bajo la regadera y ponerse un bonito vestido.

Bajo las escaleras de madera y tú me dices que lo haga despacio, con cuidado. Mi vaso de leche está servido, la fruta y un aperitivo lleno de proteínas. Desayuno de prisa, quiero cruzar la puerta de este domingo contigo, tú siempre te vas antes que yo, el tiempo que ahorras al no desayunar te permite hacerlo.

Tú estás agarrando tus cosas, te ruego que me esperes, que no te vayas. Y lo haces. Te quedas sonriendo, viéndome comer. Te divierte mi preocupación.

Abrazas mi cintura redonda y me das un beso en la mejilla. Salimos.

El sol resplandece sobre la calle empedrada, te digo que es un buen día para tomar un helado, no respondes... deje de sentir tu mano. Volteo hacia el lado donde tendría que verte y no lo hago. La luz es en exceso. Algo está sonando, ¿es mi celular? No. No te veo, no te vayas. Quiero silencio. Quiero tu voz ¿en dónde estás? ¿Por qué no estás aquí?

Abro los ojos, todo a mí alrededor es oscuridad, ningún color ilumina mi entorno. Al lado de mi veo 4 números parpadeantes de color rojo, eso es lo que produce el ruido. Es mi alarma.

Aún no amanece ahí afuera y aquí dentro tampoco. Volteo mi rostro hacia el otro lado. No está nadie. No estás tú.

Reconozco mi cuerpo poco a poco. Todo sigue igual. Como hace años.

Hay almohadas frías al otro lado de la cama, abajo nadie me espera con un beso y el desayuno hecho. Afuera no hay sol, ni calle empedrada.

Estiro mi mano hacia el buró, enciendo la lamparita de noche.

Es hora de levantarse, de irse, de ser normal.

De ser lo contrario a lo que un día quisimos ser. Hacer. Estar.

Cuando éramos jóvenes.

Cuando nos dábamos el lujo de soñar.

CONFESIONES

Fuiste una ráfaga de viento que a pesar de tener tanto tiempo aún sigue haciéndome temblar tu aparición. No de la misma manera, no con la misma intensidad y menos que menos con la misma intención. Pero estas ahí; marcando tu propio sonido en mi corazón.

Quizá para este momento yo ya tenga las razones suficientes para no almacenar en medio de tu recuerdo la decepción que sentí con tu partida, las ganas que tenía de que no te fueras; el miedo que me daba lo feliz que podía hacerme tu sonrisa y el dolor que me produjo aquel último mensaje.

Quizá en este momento me siento más tranquila cuando me cuentas lo bien que te encuentras al lado de esa hermosa chica, la que sí tuvo lo suficiente para hacerte anclar el barco. Ahora todo es diferente... y me alegra.

A kilómetros de distancia de ti puedo corroborar que es justamente eso lo que hacía falta y que la prudencia al tomarla se refleja en que hoy puedes ser parte de mi corazón y de mi vida sin que de ninguna manera produzcas algún tipo de alteración dañina en mi universo.

Te quiero y no sé si eso sea cierto o es otra mentira más que me he contado para decir que pude sellar con madurez todo esto, pero me lo dijiste y me sonó sincero y creo que al menos por eso; vale la pena repetirlo:

Te quiero, te quiero, te quiero.

Y te quise un día... tanto que no me di cuenta.

Demasiado... que jamás lo sabrás.

17

A veces... de repente; vuelvo a verte aparecer despistado entre mis sueños.

Con esa energía de pasar desapercibido sabiendo que te haces notar.

Como si a propósito olvidaras el lugar tan lejano que ahora te corresponde ocupar; y, aun así, me da alegría volver a verte.

Aunque sé que ni siquiera ahí puedo acercarme, me llena de una felicidad nostálgica saber que aún no te vas del todo.

Que sigues aquí sin estar.

Creo que es verdad cuando José Madero dice:

"Todos tenemos a ese alguien, ese alguien que no tenemos".

No te tengo.

Ya no estas.

Ahora eres la ausencia que siempre está presente entre la gente, a cualquier hora, en cualquier lugar.

Como si algún día de suerte, viera un sueño hacerse realidad.

Como si algún día, de algún septiembre, volvieras a ser mi realidad.

17

QUIERO VOLVER

Quiero volver, te juro que quiero hacerlo.

Quiero volver a hablarte en las madrugadas y que escuches todas las quejas que no digo a medio día.

Quiero volver a mensajearte para decirte que no compré mi comida favorita.

Quiero que vuelvas a enviarme media docena de chistes malos, para reírnos de lo que no tiene gracia.

Quiero que vuelvas a contarme tus fechorías, tus tardes de casa, tu itinerario cansado y cuántas horas volaste a la semana.

Quiero volver a cuando un "te quiero" bastaba. Quiero que discutamos el último libro que leíste y por qué yo nunca lo compraría.

Quiero recostarme en la cama y escuchar timbrar mi teléfono con tu nombre en la pantalla.

Quiero, quiero, quiero. Quiero volver a ese día y no decir nada.

Quisiera haberme convencido de las consecuencias, quisiera haber previsto nuestra pérdida, anticipar la caída y jamás decirte en la cara que te amaba.

Quisiera que siguieras encabezando mi lista de amores imposibles, que tus labios realmente hubieran sido inalcanzables y que tus brazos para mí no estuvieran disponibles.

Y ya que eso no fue posible, hubiera querido haberlo logrado, haber sabido el camino o al menos intentar dibujarlo, no habernos perdido en la primera vuelta a casa e intentar seguir avanzando.

Porque sigo queriendo cada cosa que quería al principio, pero es cierto, nunca debí apostar, porque estaba lista para jugar, pero no estaba lista para perder.

Y hubiera podido perder todo y no hubiese cambiado nada, pero te perdí a ti y no sé cómo explicar eso.

Quiero volver, no miento, porque nadie más contesta mi llamado en la madrugada, porque nadie más ha escuchado mis demonios danzando en la terraza y

porque no conozco a nadie más que al igual que yo
deteste la cátsup y prefiera la mostaza.

Y es que es eso; te extraño.

Extraño a mi amigo, mi socio, a mí cómplice y testigo.

Y quiero, quiero, quiero.

Quiero volver a lo que era.

Quiero que tú lo quieras.

Te quiero conmigo de vuelta.

Te quiero.

Quiero,

quiero volver;

te lo juro.

10: Y ALGO PM

Esta brizna es muy sospechosa, como si a través del viento Dios quisiera susurrarme algo y estos malditos oídos necios que no ayudan, dependientes de mis ojos traicioneros que viven de engañar, a mi corazón enamorado.

TU LLAMADA

Dejé el teléfono en la cama.

En silencio.

Dejé de esperar tu llamada.

No va a suceder.

Que avergonzada me siento por haber creído en tus palabras.

Que ultrajada, que burlada.

Me pregunto si tú te estas riendo de esto.

Es inevitable pensarlo, ¿pero después de todo este tiempo que opción tengo?

Siento que te divertiste a lo lindo contándome este cuento, que me prometiste un tiempo que sabias que nunca iba a existir, ¿por qué harías eso?

Te dije "ojalá lo logremos", tú dijiste "lo vamos a lograr"; y heme aquí, sin desayunar, con un vacío en el pecho y con un montón de dudas que hiciste crecer con tu silencio.

Me retiraré sin estruendo, porque pareciera que el ruido de mis pisadas acercándose, te asustó.

A ver si un día de estos le encuentro la lógica a todo este enredo... y si no, que es lo que temo, a ver si un día de estos, por fin y de verdad no me miento;

y de manera real...

dejo de esperar tu llamada.

TRAS BAMBALINAS

¿Has oído esos aplausos que ocurren después de la función?

¿Cuándo se le abre paso a la ovación y uno que otro, al que le pareció sublime, se pone de pie?

¿Ese momento en que el vestuario regresa a su lugar, dejas al personaje y vuelves a tu vida habitual?

Si... todo eso que pasa tras bambalinas.

Eso fuiste,

Lo escondido entre lo obvio,

Lo que todos pensaron que era actuación, incluso nosotros.

...pero algo ocurría cada que nos mirábamos a los ojos. Era como si el guion fuera tan espontáneo que no parecía necesitar ningún ensayo, ningún ejercicio de memorización.

Fluíamos desde lo más alto, los reflectores nos seguían por todo el escenario.

Y cuando más pensamos que teníamos por completo el control, súbitamente la función terminó.

Las luces se apagaron....

Y ahora...

con todos esos asientos vacíos allá afuera,

sin tu rostro anunciado en ninguna cartelera...

me toca salir del camerino quitando nuestros nombres de la puerta.

Me toca bajar, aunque no lo quiera, para siempre el telón.

Fuiste el mejor protagonista de mi historia, pero desde hoy; solo te toca ser espectador.

IMPUNTUAL

Retrocedí el reloj un par de veces y aun así llegaste tarde.

ABSITENCIA

He escuchado de la abstinencia hacia las drogas, hacia algunas sustancias como el alcohol o el cigarro, pero... ¿hacia una persona?

Nunca he escuchado a nadie dar consejos de cómo se sale de eso.

La desesperación y la angustia que se siente al ver que estas perdiendo a alguien y no puedes hacer nada porque no le interesas.

El engaño, el arrepentimiento.

Ayer escuché decir que el duelo es amor que se queda guardado, que cuesta y que duele tanto porque es amor que se quedó esperando a ser entregado, y como ya no tiene a donde irse por eso implosiona tanto. Como aquello que se pudre adentro de algo.

El olor fétido.

El moho.

Eso tengo hoy, un dolor del lado izquierdo que no me da tregua.

`

Las perversas ganas de salir gritando a pedir una explicación, que quizá sea un pretexto para oír su voz, más de que lo que pueda decir con ella.

A ratos, siento que me falta el aire, que quiero dormir para dejar de pensar, que quiero ducharme para ver si con el agua fría se apagan estas ganas de llamarle.

"No va a regresar" me han dicho.

En el fondo yo lo sé, pero estas ganas de creer lo contrario no se acaban.

"¿Qué hay de malo en mí?, ¿qué me falta?, ¿por qué siempre me quedo en la antesala?"

Ya he pasado por esto antes, sé que la desesperación va a pasar y que al final me va a valer madre, pero ¿qué hago mientras? Nunca tengo ese apunte a la mano porque siempre juro que nunca va a volver a repetirse, y mira, aquí estoy reescribiendo un manual de estrategias para irse cuando ya nos han dejado.

Mi amiga no me dejó ir triste a la cama.

Mi amigo me escuchó cuando lo llamé a la distancia.

Si eso no es amor, entonces no sé cómo se llama.

Pero saben... era ese algo que solo te podía dar ESA persona, ahora... me lo doy yo, o no me lo da nadie.

Que jodido tener que limpiar el desmadre que otros hacen por ti. Ellos se van de fiesta y a ti te toca lidiar con la resaca.

Y la abstinencia... esa perra insaciable que te hace alucinar, que te hace preguntarte, que te toca la llaga.

Quiero salir de mí, quiero no estar conmigo en estos días. Ojalá pudiera pagarle a alguien para que viva esta desilusión y luego regresar, ya que alguien se hizo cargo; que por primera vez no me toque hacerlo a mí.

Pero esto es así, no se puede huir de las responsabilidades, ¿cierto? Mucho menos de las metidas de pata.

Solo le pido, a quien sea que esté leyendo esto (incluida yo si lo requiero) que:

Jamás hay que ser ese hijo o hija de puta que le rompe los sueños a propósito a alguien y si no estás dispuesto a todo, no le hagas abrir las puertas que tanto le costó cerrar.

Porque aquí andamos los desgraciados, preguntándonos OTRA VEZ qué hicimos mal, en que fallamos, porque parece que nunca nada es suficiente.

El silencio es lo que más chinga de todo esto.

La falta de huevos de decir "ya no más" ...

Estoy temblando, y aunque sé que voy a hacerlo, me da miedo no poder lograrlo.

Es malo escucharse en días como estos.

En esta situación, es fatal.

Después de acelerar de 0 a 100 me tocó frenar en seco, me tocó ver quebrada mi dignidad y lo que duele un poquito más, me tocó verme rota por alguien que dijo que me iba a cuidar.

Pero no hay pedo, aquí le entramos duro a los chingadazos, suficientes pendejos han pasado por aquí antes para ahora dejar de intentarlo.

Solo digo y pregunto sinceramente, si algún día. Si algún día llegará alguien que no me haga escribir algo similar, algo, que sea todo lo contrario.

Ojalá...

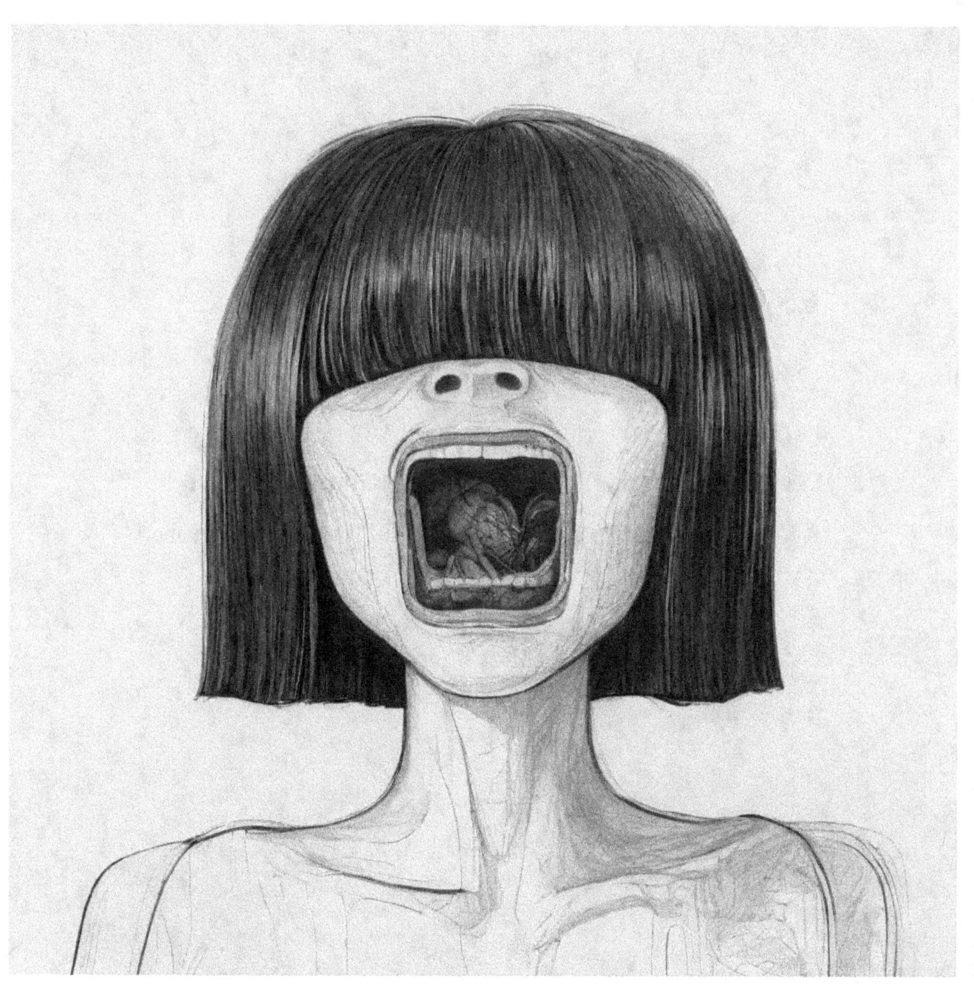

ESTA NOCHE

Esta noche no me da por imaginar tus brazos atados a los míos. Esta noche no buscaré enamorarte jugando teléfono descompuesto entre mi voz, la luna, el viento y tu oído.

Esta noche no te haré saber cuánto te extraño, porque esta noche... no te extraño.

YA NO DUELES

Tanto.

DESTERRADO

Ayer por fin rompí el último vaso del aparador.

Ayer por fin saqué los escombros que quedaban escondidos abajo de la alfombra.

No fue bonito y mucho menos cómodo, pero fue liberador.

No quería hacerlo, lo confieso; aún guardaba la esperanza de que ese poco me alcanzara por si decidías regresar y esta vez quedarte.

Como cuando guardas unos jeans viejos en el armario por si un día logras adelgazar: ¡eso era!; la esperanza. El "no lo tiro por si lo ocupo" el "no lo olvido por si regresa". Y ayer después de tanto meditarlo hice lo que se supone debí haber hecho desde el comienzo: liberar espacio.

Sentía que moría, no podía creer que por decisión propia te estuviera desterrando, ¿cómo? si un día fuiste mi sueño inalcanzable, la estrella de navidad en la cúspide del árbol, el cigarro con café caliente en la terraza; mi canción favorita.

Aún no logro explicarme quién hablo por mí anoche, quién por voz propia presionó el botón de pánico; quién del cajón rojo sacó tu recuerdo y lo hizo pedazos. Pero sea quien sea que me estuviese orillando a hacerlo, le agradezco con todos mis días soleados las noches frías de las que me liberó.

Claramente esto siempre me dolerá más a mí que a ti, pero he tenido tiempo de sobra para no culparme, después de todo: ¿Quién podría resistirse a tu sonrisa?

Me voy y no me gusta el camino, mejor dicho, no me gusta ir sin ti, pero entiendo que no eres mi destino y pesé a todo este dolor siempre desearé que seas feliz.

UNFOLLOW

Necesitaba desprenderme de este sentimiento para poder avanzar.

Necesitaba llorarte una última vez en la recta final.

Necesitaba la certeza de que tu desprecio no era una señal cruzada de un "te quiero".

Necesitaba olvidarte.

Hoy tu nombre no hace eco, y aunque no hay silencio allá afuera, el ruido que hacías aquí dentro; se calmó.

Intenté que lo último que agonizaba entre nosotros se quedara lo suficientemente cerca de ti por si aún lo revivías; no sucedió.

¿Y sabes algo? Ya no me duele aceptar la realidad de que aquí solo me la jugué yo.

Estoy lista para borrar tu nombre de mis cuadernos.

Para quitar de mi piel la sensación de placer cada vez que me veías.

Y la necesidad instintiva de encontrarte en cada lugar al que iba... ya no aguarda feroz en mi pecho.

Te fuiste.

Pase de largo;

pase de ti.

Necesitaba despedirme...

...y ya me despedí.

VOLAR

Vendrán otros vientos, pero en ninguno de ellos vendrá
consigo tu amor.

DIJE SU NOMBRE ANTES DE DORMIRME

Hace tiempo no mencionaba el nombre de nadie más antes de cualquier cosa. Pasé años esperando cada noche y cada amanecer el mensaje o la llamada de un remitente ausente, que hoy, justo cuando me acosté antes de dormir, me sorprendí tanto al descubrir que dije un nombre diferente, que pensé sin querer en otros ojos y que imaginé una sonrisa completamente nueva.

No sé si este será el principio de algo efímero o ni siquiera sé si es el comienzo o el final. Tal vez únicamente es una ilusión que se evaporará con el humo al apagar mi cigarro, y quizá sí, quizá todo esto suceda en un plano imaginario, pero ese no es el punto, aunque así lo parezca.

Si es lo que yo imagino ya habrá tiempo de contar algo más y con los honores que amerite, pero al menos hoy me conformo con saber que un capítulo en mi vida se ha cerrado y que después de tanto tiempo decidí avanzar, sola, y específicamente; sin ti.

Por favor, no me culpes, tu recuerdo ya pesaba
demasiado.

Es abrumante desprenderse por completo de las cosas que has amado, particularmente y en mi caso, de las ilusiones que creí que algún día pasarían. Es tan duro contarme a mí misma la verdad de lo que realmente sucedió, es más duro admitir que desde un principio lo sabía.

En fin, dije su nombre antes de dormirme, otro nombre, uno nuevo, y de todo lo incierto que pueda pasar de ahora en adelante, solo hay una cosa que si es segura; dije otro nombre antes de dormirme;

Y no fue el tuyo.

SUCEDISTE

No creo estar en lo incorrecto ahora.

Sentirme de algún modo dañada, después de todo; si te quise.

Lo escribo porque no quiero olvidarlo, porque llegará el día en qué te me borres de la mente, en que dejes de doler, en qué ya no te recuerde y quiero saber que fue real, que "sucediste", que no fue un error mío y mucho menos un mal cálculo.

Quiero recordar que alguien muy valiente se atrevió a enfrentarse a mis sentimientos, y nuevamente; pese a todos mis fantasmas, pese a todos mis pronósticos;

en un beso; me devolvió la vida.

OJALÁ

Ojalá llames preguntando si sí, para decirte que no.

ÚNICAMENTE

Tardé demasiado en entender que no me correspondía estar a tu lado, no me culpo del todo, fuiste tú quien cada vez que iba a cerrar la puerta para irme me tomabas de la mano y decías *"quédate un poco más"*; y así se completaron un par de años hasta llegar a hoy, en dónde definitivamente no importas y si tu recuerdo llega a pasar por este sendero, únicamente es para decirle adiós.

CASI

No fuimos un casi ALGO, fuimos un casi NADA, porque tú y yo lo éramos TODO, desviviéndonos por obtener entre nosotros un siniestro NO, cuando en realidad siempre fuimos un rotundo SI.

NO FUE CONTIGO

Lo voy a tratar con la misma nobleza con la que no me trataste, con la que no te traté.

Era fácil olvidarse de tu fragilidad, no eras una presa; eras una bestia dispuesta a atacar.

Vi tus miedos, tus inseguridades y tus tropiezos, y aun así no tuve piedad.

Solo pensaba en que no iba a detenerme a tener consideraciones innecesarias con mi igual y tuve la absurda idea de que a ti, te iba a exigir incluso un poco más.

Y no vi, no te vi en una esquina asustado, y si en algún punto lo hice, confieso, deliberadamente pasé de largo.

Me disculpo.

Sinceramente no me alcanza la vida para decir "lo lamento".

Hoy el tiempo y particularmente la distancia me impiden hacerlo.

Quizá está noche solo pueda darte el pésame de un sentimiento muerto.

De algo que tuvo un potencial enorme y que lamentablemente se quedó en ceros.

Pero descuida, el dolor fue por igual.

Sé que a ti no te importa quién sufrió menos o quién padeció más,

pero de todo lo que te digo; disculparme es lo más real.

Después de tantos aniversarios luctuosos nos toca volver a empezar.

Yo viéndome en otros ojos, que incluso parecen tener una magia especial, y tú... bueno, de ti y de lo tuyo ya no me corresponde hablar.

Solo te hago esta promesa, para al menos así podernos honrar...

Voy a pensar en ti cada que la ambición me hable al oído;

Recordaré que mi capacidad para construir es proporcional a la de destrucción cuando tengo el ego herido.

Y antes de embestir con tanta ferocidad volveré a tocar mis cicatrices, para recordar, para no olvidar que un día tuve tantas ganas de ganar que, aunque lo hice, no lo considero una victoria porque te perdí en el camino.

Porque al fin pasó,

aprendí a usar el corazón,

pero lamentablemente...

no fue contigo.

DESDE HOY Y PARA SIEMPRE

Desconozco los motivos que tuviste para alejarte de esa manera tan violenta.

Desconozco las razones por las cuales hoy ya no te encuentro.

Sé que tus mentiras no fueron mal intencionadas, que tal vez fueron la salida de emergencia que encontraste en el momento en que pedí una respuesta. Pienso que se hizo tan grande esa farsa que decirme la verdad ya no cabía en tus posibilidades; y no te culpo, ni te juzgo por eso.

Sospecho que, a lo mejor, en algún momento; tú también te creíste que me amabas.

Así que te perdono, si es que hay algo en el tiempo que perdonarte, y perdóname tú a mí si es que debas perdonarme algo.

Ojalá mis letras tuvieran voz y tu ausencia tuviera oídos, para que esta tarde pudieras escucharme y supieras que no te guardo; que los recuerdos se los ha llevado el viento y que los rencores de una soledad inadvertida ya no te persiguen.

Te libero... de algo que no tiene nombre, por si pensabas que te tenía prisionero. Olvidaste en algún momento un papel que te entregue en las manos, donde decía que eras tan libre como quisieras y que podías marcharte en el momento, día, hora y lugar que así lo desearas, "con o sin mí", eso decía.

Lo he encontrado de entre los recuerdos empolvados y quisiera volver a entregártelo, solo para recordarte que no me debes nada, y que, por ende, no pienso cobrártelo.

Nunca fui nadie para retenerte y tú nunca fuiste alguien con la voluntad de quedarte.

Sin remordimientos, rencores o corajes.

Te deseo la mejor de las suertes, desde hoy y para siempre.

RECONOCER

No voy a olvidarte, ni a superarte y ni volveré a intentar hacerlo.

Ya acepté, en contra de todos los consejos que me dieron, que NO QUIERO OLVIDARTE.

No voy a borrar tu número, ni me desharé de tu sudadera, ni romperé la tarjeta que lleva tu nombre.

Porque SI, en el fondo guardo la esperanza de que un día llames nuevamente, de que, en algún momento de tu vida, ojalá haya una pausa y te preguntes cómo he estado y que ha pasado desde el último mensaje. Porque AMO dormir con esa sudadera, que, aunque vieja y grisácea, sigue siendo la única prenda que puede quitarme el frío en los días de invierno. No voy a sacar de mi cajita roja, esa dónde guardo las cosas importantes, ni tu tarjeta ni el collar que en nuestra primera cita me regalaste.

No lo haré porque no me da la gana, porque ya entendí que dar un paso hacia adelante no exige olvidarse de uno mismo, entendí que no es una obligación arrojar a la basura aquello que has amado, únicamente porque la justificación dicta que para avanzar es necesario soltar el pasado; ¿por qué sabes algo? El pasado también tiene cosas fascinantes.

Porque un día para mí lo fuiste todo, absolutamente todo. Porque soñé amaneceres a tu lado, tardes de cine francés, botellas de vino vacías, imaginé tu sonrisa en nuestro legado, y a pesar de que nada salió bien entre nosotros no puedo hacer como que no estuviste, porque si así fuera estaría olvidando todas las veces que tu teléfono sonó a las 3 de la mañana y atendiste mi llamada, estaría olvidando la vez que me recosté en tus piernas y me contaste cosas que nadie más sabe, cuando te dije que tenía frío y me abrazaste y cuando tuve el día más negro de mi vida y en la distancia tú lo iluminaste.

Así que si, prefiero admitir que perdí, que no fui lo suficientemente buena para ti y que alguien más está ocupando el lugar que anhelé por años, pero no voy a olvidarte, no seré tan cobarde, no voy a dejar que la tristeza gané este juego y me impida ver que detrás de todo eso existió algo bueno; y porque si me olvido de ti estaría olvidándome.

Porque contigo fue mi último intento, tú viste por última vez mis ilusiones, tú tuviste mi desvelo, a ti te relacioné con canciones y eso es algo que nadie más pudo verlo.

Me gustó ser esa persona, me gustó tener esperanza en alguien, disfruté ser paciente, entregar todo sin ninguna garantía, arriesgarme y por eso, no tengo manera alguna de agradecerte.

Y si, eventualmente todo pasará, entre más tiempo transcurra, más invisible te volverás y quizá llames de vuelta o quizá nunca vuelvas a llamar; pero esta vez me haré caso y te recordaré las veces que sea necesario.

Pondré la canción con la que iniciamos el trato y será con volumen alto, veré tus series favoritas y desearé haberlo hecho a tu lado, pero un día, no sé si pronto o lejano, todo esto habrá pasado, sin forzar nada; te habrás ido. Volveré al día antes de haberte conocido, dónde no sabía tu nombre, ni tu afición por el futbol americano, ni el nombre de tu mascota; ni que me harías tanto daño.

Pero mientras eso pasa...

¡Qué duela lo que tenga que doler! ¡Qué cueste lo que tenga que costar! ¡Que se lloré lo que se tenga que llorar! ¡Y qué la tristeza se quede lo que se tenga que quedar!

Contigo aprendí que más vale llamar a las cosas por su nombre.

Aprendí a aceptar las derrotas con humildad.

Pero, sobre todo, aprendí que si tú no fuiste para siempre;

este dolor tampoco lo será.

911

Fuiste mi refugio durante mucho tiempo.

Fuiste la energía que me cuido de todos aquellos que quisieron ocupar tu lugar y no pudieron.

Me protegiste de las tormentas, de las tempestades y de los truenos;

Incluso me protegiste de ti cuando ni siquiera yo sabía que tenía que hacerlo.

Me cuidaste cuando me caí o cuando me tiraron,

en cada sombra y en cada llanto.

En los espejismos y en los días malos... caray, me protegiste de todo, incluyéndome de mi misma y de mis tornados.

Te usé como el talismán poderoso que eres,

Cada que necesité recurrir a ti;

ESTUVISTE, LO HICISTE, TE VI.

Viniste cada vez que te pedí venir.

A veces... incluso sin un llamado también estabas aquí.

Pero el tiempo pasó y crecí,

Aprendí, aunque no voluntariamente, a curarme el corazón cuando se craquela un poco.

Y ahora, cuando me raspo las rodillas por correr tras un sueño, ya no lloro, ni me rompo.

Acepté que no siempre se gana, ni se obtiene el primer lugar en todo, y al menos tratándose de esto, ya no espero cargar como trofeo un "nosotros".

Gracias infinitas por las banditas que pusiste en mis heridas.

Por las veces que cosiste todo lo que tú nunca rompiste.

Gracias, especialmente, por nunca romper nada.

Ahora mi línea de emergencia ya no llevará tu nombre.

Aunque nunca olvidaré, quién... en mis peores días;

fue mi novecientos once.

2020

No sé qué tenía marzo a mi favor; que depuraba de fondo a todas esas personas que no tenían que llegar a abril. Me regaló los mejores besos y con la misma implacabilidad los volvió recuerdos.

Pero alguna vez... sin darme cuenta... de entre sus 31 días te llevo a ti y fue inevitable no sentir, desde ese entonces, que tenía algo contra mí.

Fue un golpe a traición, fue...

De las despedidas más grandes.

De los "hasta pronto" que en realidad si son un adiós.

De los llantos que te hacen carcajearte.

De los días en que el corazón me dolió.

Como si se tratase de una profecía... las flores que me regaló la primavera, de algún modo florecieron con cierta tristeza, con cierta resignación.

No quiero dar a entender que el tiempo se detuvo y yo lo hice con él. Siempre seguí, pero no supe por qué.

Hoy tampoco es diferente, hoy tampoco lo sé, quizá creí que si avanzaba lo suficiente; te volvería a ver. Pero a veces no hay segundas oportunidades, a veces solo tienes un tiro y ya...

Y ahora eres mi recuerdo más bonito; de todo lo que nunca más será.

BANDERA BLANCA

Tómalo como un último acto de cortesía,

como un gesto de amabilidad.

El estrechón de manos en un "pacto de caballeros",

como mi último acto de honorabilidad.

Icé la bandera blanca.

Nos proclame la paz.

Me rendí.

Me di por vencido.

Retire a mis tropas (que eran mis infinitas ganas de
estar contigo) del lugar, de tu lugar.

Ya no te quiero en mi vida,

...pero allá arriba, Dios y los ángeles;

siempre sabrán cuánto te quería.

HASTA LUEGO

Me dispuse a escribir alguna cosa triste y no tuve éxito.

No es que me lo propusiera como tal, pero te juro que te he pensado más de lo que me gustaría admitir.

Curiosamente hoy volví a sacar tu sudadera que la tenía colgada en el clóset desde hace tiempo, desde antes que decidiera alejarme nuevamente de ti. Me la puse y esta vez no había magia, solo ese sabor a nostalgia que llega cuando has empezado a olvidar algo que era importante.

Te extrañé, no lo niego. Después puse esa playlist que me hace recordarte aún más, también tenía algo de polvo y al final... nada.

No te he borrado de mi vida y sé que no lo haré, después de todo tu tenías el papel principal en todo este cuento, pero creo que mi corazón simplemente se cerró a nuestras posibilidades y debo decirte algo; fue muy triste cada vez que me cerraste la puerta porque había alguien más, pero nada, absolutamente nada supera la tristeza que hoy siento al admitir que ya no te quiero igual.

Te juro; veía un mundo a tu lado, al final somos humanos y los errores son parte de nuestra mortalidad. Nada me asusta más en este momento que aceptar ese hecho y vivir en paz con saber que no serás tú, que no seré yo, que no seremos; ni juntos,

ni nosotros,

ni para siempre.

Espero que estés bien.

Hasta luego.

11:11

Ojalá se te haga un nudo en la garganta con al menos una palabra de lo que he escrito. No lo pido como una condena y mucho menos como una venganza que parezca más una vergüenza personal. Mi petición es porque al menos sabré, sin saberlo, que nada de esto fue unilateral, que por lo menos una vez me pensaste como yo te pensé. Y que el desgarrarme el orgullo hasta sangrar; no fue completamente en vano.

Porque no sé en quién piensen los demás al leer esto, para mí siempre se tratará de ti. Ese cachito en el espacio que amaba ver levitar acercándose sin realmente dar un paso. Ese imposible que siempre tuve a la mano y que siempre jugo a dejarse atrapar con la condición de no ser alcanzado.

Fuiste la estocada final, así es como mejor te describo cuando me preguntan por ti cada cierto tiempo, cada cierto desconocido.

Nunca me fuiste indispensable, pero no me hubiera sido imposible dejar de avanzar cuando dejé de verte a los ojos. Quizá me engañé lo suficiente para pensar que tendríamos una segunda oportunidad, una en la que por fin yo ganaría o tú te dejarías ganar. Y eso no sucede tan a menudo, al menos, me consta; no te sucedió conmigo.

Nunca sabré si me buscaste o esperabas verme regresar, pero no me volví a animar a ser víctima de tus ilusiones o de tus desprecios, lo que quisieras darme de acuerdo a tu criterio.

Solo sé que fue bueno, que de mi vida fuiste lo mejor. No en un sentido idealista o perfecto, porque esto nunca se trató de amor, pero lo cierto es que sin ti y tu altitud inabordable; jamás hubiera dado el salto cuántico de hacer público el fracaso que más me dolió.

Porque eso eres... mi peor naufragio. El ojalá que nunca se cumplió.

Quizá siempre pareció que luchaba porque no sucedieras, pero en el fondo me encantaba que pasaras, así como si no fuera a propósito, como si no pusieras el mismo empeño que yo.

...pero solo son ideas, y este es el mejor intento que tuve a cuenta para tratar de decirte lo que nunca me atreví, porque ya sabes... estaba demasiado ocupada jugando a disimular algo que debí admitir desde el primer momento en que el humo del cigarro me supo a ti.

Desde ese entonces ese vicio me persigue tanto o más como tu recuerdo, o lo que queda de él. Porque es lo único que tengo; un breve momento en el que puedo volverte a tener, tan efímero y acelerado como el fuego que lo hace consumir.

No tengo tiempo de tenerle miedo al hecho de no volverte a ver, pero quizá el remordimiento me dure de aquí a la otra vida. En cualquier caso, este asunto se fastidió porque de alguna manera lo intentamos... con nuestras torpes y arrogantes manos... pero eso fue lo mejor que pudimos hacer ¿no?

Me vi madurar escribiendo este texto. Vi como los años también se reflejaban en mis dedos cada que pasaban casi sin ver el teclado, pero ni siquiera ahora me alcanza esa sabiduría para admitir que el pasado está pasando, y que más pronto que tarde; te terminaré olvidando.

Así que este será definitivamente mi última petición al universo, el mismo que hace unos ayeres nos presentó:

Ojalá que la vida te sonría tanto o más como me sonrió a mi cuando acepté que no te podía, y que cure de donde sea que tenga que curarte las heridas.

Y ojalá que cuando veas en tu reloj un 11:11 no lo veas solamente como una hora en la que la mayoría de los mortales piden un deseo cerrando los ojos, si no que sea el recordatorio del cosmos de que hubo alguien (y aun lo hay) para quien lo fuiste todo.

Por último, deseo que este libro sirva como un testimonio abierto para recordarle a los demás que algunos de los mejores milagros están escondidos dentro de unos ojos... unos labios y en mi caso particularmente;

detrás de un número mágico.

TERMINAL: 5 DE AGOSTO

Fue una cita;

sin fecha ni hora confirmada,

pero fue...

... la última vez que nos vimos.

PRIVILEGIO

Supongo que esto es así... los afortunados que tuvimos la bendición de toparnos de frente con nuestra llama gemela, como pago a ese privilegio nos toca arder con todo nuestro fuego una sola vez, no dos, no tres...

una

sola

vez.

DEJA VU

Esto no lo había vivido antes,

pero voy a grabarme de memoria tu mirada,

para que en el resto de las vidas que me queden,

algo vuelva a recordármela,

y pueda sentir,

sin ser consciente de ello,

que eso ya había pasado antes.

Que, en algún otro momento, o universo;

conocí a mi otra parte

y tal vez, en ese futuro hipotético...

eso me ayude a no ser tan cobarde.

...

Nos debemos un café; ojalá en otra vida nos encontremos cuando ya hayamos entendido que el tiempo no tiene paciencia, que no sabe de los hubiera, de las oportunidades pasadas por la soberbia... de los después.

Nos debemos en esta vida un nosotros, el resto de una historia compartida y el no haber acabado tan rotos.

Por lo pronto, en esta, hagamos que al menos valga la pena el habernos quedado con la duda, de que hubiera pasado... si de verdad un jueves cualquiera;

nos hubiéramos tomado...

ese café americano.

POSDATA

Nuca tendré la certeza de si efectivamente el rojo es tu color favorito, pero al menos el azul (el de tus ojos); siempre será el mío.

Gracias.